Angular: Guida Completa allo Sviluppo e Programmazione di Siti Internet Dinamici e Web App con AngularJS. Contiene Esempi di Codice ed Esercizi Pratici

Oscar R. Frost

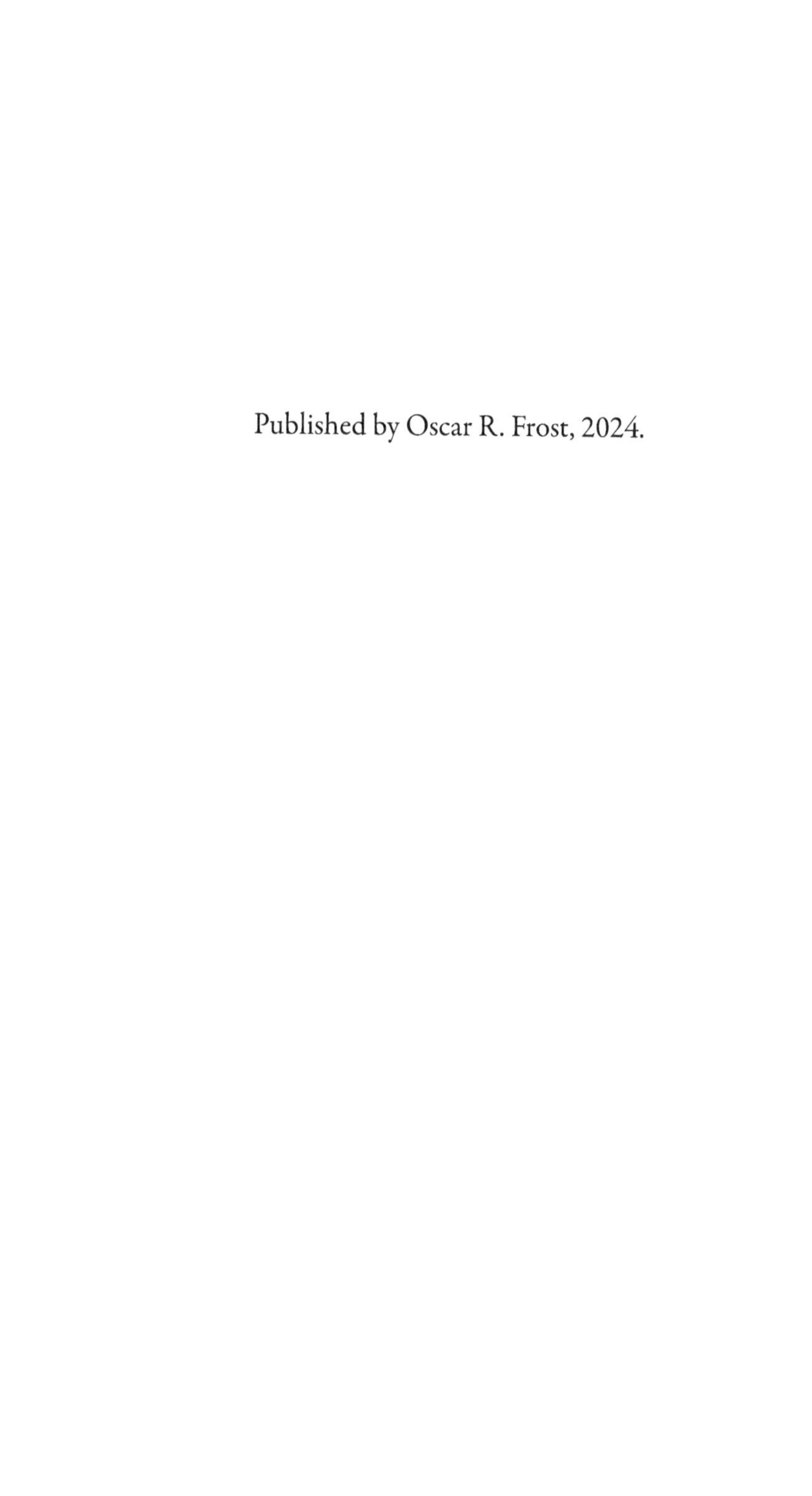

Published by Oscar R. Frost, 2024.

While every precaution has been taken in the preparation of this book, the publisher assumes no responsibility for errors or omissions, or for damages resulting from the use of the information contained herein.

ANGULAR: GUIDA COMPLETA ALLO SVILUPPO E PROGRAMMAZIONE DI SITI INTERNET DINAMICI E WEB APP CON ANGULARJS. CONTIENE ESEMPI DI CODICE ED ESERCIZI PRATICI

First edition. February 20, 2024.

Copyright © 2024 Oscar R. Frost.

ISBN: 979-8224396184

Written by Oscar R. Frost.

Also by Oscar R. Frost

Raspberry Pi: Scopri Tutti i Segreti per lo Sviluppo e Programmazione del Micro Computer per Maker e Hobbisti. Contiene Esempi di Codice ed Esercizi Pratici

MySQL: Guida Completa ai Database SQL per Principianti. Contiene Esempi di Codice ed Esercizi Pratici.

Arduino: Scopri Tutti i Segreti per lo Sviluppo e la Programmazione del Microcontrollore per Maker e Hobbisti. Contiene Esempi di Codice ed Esercizi Pratici.

Angular: Guida Completa allo Sviluppo e Programmazione di Siti Internet Dinamici e Web App con AngularJS. Contiene Esempi di Codice ed Esercizi Pratici

Sommario

Premessa

La vita è spesso imprevedibile e noi costantemente sopravvalutiamo o sottovalutiamo l'impatto di determinati eventi e progetti nella nostra vita. Io credevo seriamente che AngularJS sarebbe stato solo un fulmine, una moda temporanea, ancora un altro framework che non sarebbe sopravvissuto a lungo. E col senno di poi, era esattamente il contrario.

AngularJS è passato da essere un piccolo progetto utilizzato da un team interno ad essere utilizzato da migliaia di sviluppatori e aziende in tutto il mondo. Molto deriva da Misko, Igor e dall'intero team e dalla loro instancabile dedizione nel migliorare il modo in cui sviluppiamo le applicazioni web. Quello che è iniziato come un progetto a cui lavoravano solo due persone, è ora una delle più grandi comunità open source sul Web e il framework ha avuto un forte impatto ed è stato parte di migliaia di progetti in tutto il mondo.

Ci sono dozzine di libri, centinaia di tutorial e migliaia di articoli su AngularJS, perciò l'uso e il supporto di AngularJS continuano a crescere ogni giorno. Alcuni dei concetti principali che erano in anticipo sui tempi nelle prime versioni di AngularJS (come il data binding, la separazione dei ruoli, l'iniezione delle dipendenze, ecc.) sono ora caratteristiche comuni dei nuovi framework.

In realtà, ciò che rende AngularJS una grande tecnologia e un ottimo framework è la comunità che lo circonda: coloro che contribuiscono al framework principale o sviluppano plug-in per esso, nonché coloro che lo utilizzano quotidianamente. Come parte della comunità, sono davvero entusiasta di presentare questo e-book e di contribuire a modo mio a ciò che rende grande questa comunità. Questo e-book è per chiunque stia cercando di iniziare un progetto con AngularJS, sia come progetto secondario, come strumento aggiuntivo o per il proprio lavoro principale.

Ci si aspetta che i lettori si sentano a proprio agio e sappiano usare JavaScript e HTML prima di iniziare a leggere questo e-book, ma una conoscenza di base di JavaScript dovrebbe essere sufficiente per imparare AngularJS. JavaScript ha fatto molta strada, al punto da diventare uno dei linguaggi di programmazione più utilizzati e adottati. Al giorno d'oggi, è raro che gli sviluppatori web debbano preoccuparsi della compatibilità dei browser e problemi simili, che erano la ragione principale per cui esistevano framework come jQuery.

I framework (come AngularJS e React) sono ormai una scelta molto comune per lo sviluppo di esperienze di Front-end, ed è raro che oggigiorno chiunque decida di creare un'applicazione di Front-end non ne sfrutti uno. I vantaggi dell'utilizzo dei framework sono molteplici, dalla riduzione del codice ridondante, al fornire una struttura e un layout coerenti per lo sviluppo di un'applicazione a molti altri. L'intento principale è sempre quello di ridurre il tempo speso per lo sviluppo e concentrarsi maggiormente sulle funzionalità principali che vogliamo fornire.

Inoltre, se funziona su tutti i browser (e piattaforme, come Android e iOS, oltre al desktop), allora è ancora meglio.

AngularJS (così come altri framework) fornisce tutto ciò, principalmente attraverso alcuni punti chiave fondamentali che sono al centro del framework, tra cui:

- Potente sintassi di template guidata dalla programmazione dichiarativa

- Modularità e separazione dei ruoli

- Data binding e, attraverso di essa, programmazione dati guidata

- Testabilità e supporto per i test

- Routing e navigazione

- Una serie di altre funzionalità, dal rendering lato server, alla capacità di scrivere applicazioni mobile native e molto altro ancora!

Con l'aiuto di AngularJS, possiamo concentrarci sullo sviluppo, gestendo la complessità e la manutenibilità del codice senza interruzioni.

Faremo tutto passo dopo passo, quindi rilassati e divertiti ad imparare con me.

Capitolo 1
Framework e installazione

JavaScript è un linguaggio importante per gli sviluppatori web, che è quasi impossibile ignorare. È un linguaggio creato per il semplice scopo di aggiungere interattività di base alle pagine web. Tuttavia, ha assunto un'importanza fondamentale e oggi viene utilizzato per creare applicazioni Web molto grandi e sofisticate. Puoi sviluppare una certa comprensione del motivo per cui esistono framework come AngularJS, considerando che JavaScript non è stato originariamente creato tenendo presenti i requisiti di oggi, molto più complessi.

In effetti, sotto molti aspetti, JavaScript è stato adattato a questo scopo perché era già ampiamente supportato nei browser web e molti sviluppatori sapevano come usarlo.

JavaScript, tuttavia, non è apprezzato da tutti i programmatori, personalmente mi piace usarlo e posso aggirare alcuni suoi difetti ma capisco perfettamente perché alcuni sviluppatori non si sentano a logo agio nell'usarlo.

Penso che sia giusto dire che JavaScript ha molte ottime caratteristiche ma è altrettanto giusto dire che gli mancano alcune funzionalità, quelle che gli sviluppatori ritengono vitali. Dati i suoi umili inizi e le sue carenze, JavaScript è davvero l'ideale per lo sviluppo di applicazioni web moderne? Certo che sì.

Essendo un linguaggio relativamente facile da imparare con un supporto quasi onnipresente, è estremamente adatto al compito.

Ma JavaScript è ideale per lo sviluppo di applicazioni che richiedono modularità, testabilità e produttività degli sviluppatori? La risposta breve e semplice a una domanda come questa è no, non proprio, almeno non "fuori dagli schemi".

I creatori di JavaScript semplicemente non avevano in mente questi requisiti quando è stato concepito. Tuttavia, oggi abbiamo una proliferazione di framework e librerie progettate per aiutarci con tutto ciò. L'idea generale è che vogliamo essere più produttivi e che vogliamo scrivere codice, spesso in risposta a scadenze irragionevolmente strette, che possiamo facilmente mantenere e riutilizzare. Questo è il motivo per cui abbiamo bisogno di un framework.

Ogni framework raggiunge i propri obiettivi (a volte notevolmente diversi) in una varietà di modi e in misura variabile.

Ad esempio, il popolare framework jQuery affronta molto bene la manipolazione diretta del Document Object Model (DOM), ma non aiuta molto quando si tratta di mantenere il codice strutturato e organizzato. Per essere onesti, jQuery è più una libreria che un framework a tutti gli effetti, quindi questo si riferisce davvero più al mio punto di vista sui vari obiettivi e gradi.

Per quanto riguarda lo sviluppo web Front-end, AngularJS affronta molti, se non tutti, i problemi che gli sviluppatori devono affrontare quando utilizzano JavaScript puro, e lo fa in un modo molto elegante e completo. A tal proposito, spesso non esiste un framework giusto o sbagliato, perché molto dipende dal tipo di progetto su cui stai lavorando, dalle tue attuali capacità, esperienza e dalle tue preferenze personali. Detto questo, personalmente credo che AngularJS sia un ottimo framework a tutto tondo, che è sicuramente tra i migliori disponibili.

Prima di esplorare i dettagli di AngularJS, consideriamo esattamente cos'è AngularJS. Cosa intendiamo per "framework" e perché dovremmo usarne uno? Potrebbe essere una buona idea non usarne uno?

La definizione del dizionario ci dice che un framework è "una struttura di supporto essenziale", questo riassume molto bene AngularJS, sebbene sia molto di più.

AngularJS è formato da una comunità ampia e utile, un ecosistema in cui è possibile trovare nuovi strumenti e utilità, un modo ingegnoso di risolvere problemi comuni e, per molti, un modo fresco e nuovo di pensare alla struttura e al design dell'applicazione.

Potremmo, se volessimo complicarci la vita, scrivere la nostra struttura. Realisticamente, tuttavia, per la maggior parte di noi, questo non è fattibile. Inutile dire che hai bisogno del supporto di un qualche tipo di framework, e che questo framework quasi certamente dovrebbe essere qualcosa di diverso dalle tue idee e pensieri non documentati (o meno che ben compresi) su come le cose dovrebbero essere fatte.

Un buon framework, come AngularJS, è già ben testato e ben compreso da altri sviluppatori. Tieni presente che un giorno altri potrebbero ereditare il tuo codice, far parte del tuo team o aver bisogno di trarre vantaggio dalla struttura e dal supporto fornito da un framework. L'uso di framework non è raro; molti programmatori si affidano a loro. Anche gli sviluppatori di applicazioni aziendali utilizzano framework, ad esempio, i programmatori Java utilizzano il framework LibGDX per creare giochi.

Spero di averti fatto capire perché necessiti un framework e, più specificamente, perché AngularJS è un'ottima scelta. Ora, spenderò il resto di questo e-book per farti apprendere il più rapidamente possibile, mettendoti su una solida base per poter proseguire oltre queste pagine. AngularJS non è difficile da imparare e, se sei come me, apprezzerai il suo approccio unico e la sua abilità nel far sembrare aspetti complessi molto più semplici.

Installazione

Scaricare e installare AngularJS è facile, richiede pochissimo tempo e, soprattutto, è gratuito (con licenza MIT).

Per scaricare AngularJS, vai su https://angularjs.org/ e segui questi passaggi:

1. Crea una cartella sul tuo computer chiamata AppAngularJS. All'interno di questa cartella, crea una sottocartella chiamata js per contenere i tuoi file JavaScript;
2. Nella homepage di AngularJS, fare clic sul pulsante Download;
3. Scarica la versione minimizzata che ha questa forma: 1.2.x-minified;
4. Fare clic sul pulsante Download per scaricare i file necessari;
5. Una volta completato il download, sposta il file scaricato, angular.min.js, nella cartella js creata in precedenza (supponendo che non sia stato salvato direttamente lì);
6. Ecco fatto! Hai appena scaricato e installato AngularJS.

In tutto questo book, presumo che abbiate seguito i passaggi precedenti quando mi riferisco alle posizioni del file system e ai nomi delle cartelle. Se sei a tuo agio con la Content Delivery Network (CDN) e preferisci usarla, sentiti libero di farlo. Allo stesso modo, se preferisci utilizzare la versione non minimizzata della libreria AngularJS, sentiti libero di usarla e ciò non influirà sull'output di nessuna delle porzioni di codice fornite (supponendo che tu abbia impostato correttamente tutto il resto).

Tutti i browser Web moderni supportano AngularJS, questo elenco include Safari, Chrome, Firefox, Opera, IE9 e versioni successive così come browser per dispositivi mobile, inclusi Android, Chrome Mobile e iOS Safari.

In generale, il supporto dei browser non è un problema, ovviamente, dovresti sempre conoscere il tuo pubblico di destinazione e testare le tue applicazioni su una gamma più ampia possibile di dispositivi e piattaforme. Per fortuna, la comunità di AngularJS è ampia (e in rapida crescita), quindi vale sicuramente la pena andare in quella direzione se hai domande o dubbi. Di particolare interesse sono i casi di studio che puoi utilizzare per avere un'idea di come opera AngularJS.

Capitolo 2
Prima applicazione

Cominciamo il nostro viaggio verso l'illuminazione di AngularJS creando un'applicazione molto piccola e semplice, anche se che dimostra poco più di come includere AngularJS in una pagina web e usarla per visualizzare il tradizionale saluto Hello World.

Salva il codice proposto nella tua cartella AppAngularJS:

```
<!DOCTYPE html>

<html ng-app>

<head>

<title>Hello World</title>

<script src="js/angular.min.js"></script>

</head>

<body>

<p>Hello {{'Wor' + 'ld'}}</p>

</body>

</html>
```

Anche se questo è il più semplice possibile, in realtà, c'è molto codice che non è puro HTML. Vale la pena analizzarlo e rivedere come funziona ogni riga, poiché ci sono alcuni concetti importanti in gioco, concetti fondamentali per il modo in cui funziona AngularJS e, quindi, chiave per come pensare in AngularJS.

Nella prima riga del programma, abbiamo il doctype HTML5. Sebbene questo non sia strettamente necessario per il funzionamento di AngularJS, è il doctype che dovresti utilizzare per le applicazioni Internet che seguono lo standard HTML5. La seconda riga presenta già una istruzione AngularJS, abbiamo dichiarato una direttiva ngApp all'interno dell'elemento HTML di apertura.

Parleremo delle direttive un po' più avanti in questo e-book, per ora usiamo ngApp per far sapere ad AngularJS quale elemento deve essere considerato la radice dell'applicazione. Dichiarandolo all'interno dell'elemento HTML, stiamo indicando che l'intero documento deve essere "sotto il controllo" di AngularJS.

Scendendo alla quinta riga, puoi vedere che abbiamo incluso la libreria AngularJS utilizzando l'elemento script. Se non includessimo la libreria AngularJS, non vedremmo alcun beneficio nell'uso di AngularJS. Ora qualcosa di molto interessante: se ti sposti verso il basso all'ottava riga, vedrai un'espressione AngularJS, delimitata dalle doppie parentesi graffe di apertura e chiusura {{ e }}. Manteniamo le cose belle e semplici, qui concateniamo le due stringhe "Wor" e "ld".

Le espressioni AngularJS sono potenti e ne vedrai molte in questo e-book, qui ne usiamo una in modo un po' artificioso (ed inutile), semplicemente per illustrare come vengono utilizzate. Il valore interpolato è, ovviamente, la stringa World.

Quando inseriamo un'espressione tra doppie parentesi graffe come questa, creiamo un'espressione vincolante, ciò significa che il valore dell'espressione è vincolato. Ogni volta che cambia, anche tale associazione verrà aggiornata. I binding e le espressioni diverranno naturali per te in pochissimo tempo, poiché sono al centro del funzionamento di AngularJS. Prova ad aprire la pagina web creata tramite l'uso di un browser per vedere il risultato.

Ho detto che era molto interessante, vero? Beh, forse ho esagerato un po', tuttavia è un'applicazione AngularJS che ti fa iniziare ad apprendere il funzionamento. A breve vedremo qualcosa di un po' più interessante, ma riassumiamo i passaggi chiave:

- Abbiamo utilizzato la direttiva ngApp per informare la nostra pagina su dove usare AngularJS;

- Abbiamo quindi utilizzato un elemento script per includere la libreria AngularJS;

- Solo per dimostrare che tutto era collegato correttamente, abbiamo utilizzato una semplice associazione di espressioni AngularJS per eseguire concatenazioni di stringhe.

Non è stato affatto difficile, ma modifichiamo un po' il codice precedente, solo per avere un po' più di informazioni su come funziona AngularJS:

```html
<!DOCTYPE html>

<html>

<head>

<title>Hello World</title>

<script src="js/angular.min.js"></script>

</head>

<body>

<p ng-app>Hello {{'Wor' + 'ld'}}</p>

<p>Hello {{'Wor' + 'ld'}}</p>

</body>

</html>
```

Tutto ciò che abbiamo fatto qui è spostare la direttiva ngApp fuori dall'elemento html e posizionarla sul primo paragrafo. Abbiamo anche aggiunto un altro paragrafo, che è quasi identico al primo, tuttavia questo è senza una direttiva ngApp.

Salva questo codice al posto del precedente e caricalo nel tuo browser. Accadono due cose interessanti:

1. La prima cosa interessante è che l'espressione binding nel primo paragrafo ha funzionato esattamente come prima. Anche se abbiamo riposizionato la direttiva ngApp, l'associazione dell'espressione è ancora valida entro i suoi confini e, quindi, ancora sotto il controllo

AngularJS;

2. La seconda cosa interessante è che anche il secondo paragrafo utilizza un'espressione. Tuttavia, questa espressione viene visualizzata semplicemente così com'è; non viene valutata affatto. AngularJS semplicemente non è interessato a questa espressione, perché non è contenuta entro i confini di una direttiva ngApp. In effetti, AngularJS non è a conoscenza di questo particolare paragrafo o di qualsiasi cosa in esso contenuta.

In questo e-book, dichiarerò sempre la direttiva ngApp sull'elemento HTML. Sebbene sia utile sapere che puoi dire ad AngularJS di gestire solo una parte specifica del DOM, voglio che tu veda l'effetto nel caso in cui si trovasse nella posizione sbagliata o se mancasse del tutto. Dimenticare di aggiungere la direttiva ngApp è uno degli errori più comuni commessi dai principianti.

Questo codice ci mostra una funzionalità un po' più interessante di AngularJS, sebbene si tratti ancora di codice semplice, inizia ad orientarti verso questa struttura:

```html
<!DOCTYPE html>

<html ng-app>

<head>

<title>Test</title>

<script src="js/angular.min.js"></script>
```

```html
</head>

<body>

<label>Città: </label><input ng-model="citta" type="text" /></label>

<p>Hai inserito: {{citta}}</p>

</body>

</html>
```

Qui abbiamo dichiarato la direttiva ngApp prevista e il riferimento allo script AngularJS con cui, si spera, ti trovi già a tuo agio. Le due righe importanti sono le due linee contenute all'interno dell'elemento body. Il primo dichiara un input di testo HTML standard, ma con un'aggiunta molto importante: la direttiva ngModel, a cui abbiamo assegnato il valore di città. La seconda riga, tramite un'associazione di espressioni, utilizza questo valore per fare riferimento al testo che l'utente finale immette nel campo di testo. Salva questo codice e caricalo nel tuo browser.

È qui che inizia la magia. Inizia a digitare nel campo di testo e osserva come il testo nel paragrafo proprio sotto il campo di testo si aggiorna in tempo reale. Ciò che lo rende così magico è la quantità di codice necessaria per ottenere questo risultato: non molto, vero?

Qualcosa di molto sofisticato sta chiaramente accadendo dietro le quinte infatti possiamo vedere che AngularJS sta lavorando per noi, monitorando l'applicazione per le modifiche ai dati, aggiornando il DOM per mostrare queste modifiche all'utente finale e sta facendo tanto altro.

Altri framework richiedono che tu affronti tutto o parte di questo lavoro da solo mentre AngularJS vuole farti concentrare solo sullo sviluppo della tua applicazione. Un altro punto interessante è che in realtà non abbiamo scritto alcun codice JavaScript!

Scoprirai che AngularJS ha una forte inclinazione verso uno stile di codifica dichiarativo, al contrario di uno stile procedurale. Ovviamente, dovrai scrivere del codice JavaScript prima o poi, ma AngularJS ti incoraggia ad inserirlo nei posti giusti della tua applicazione. Come ci si potrebbe aspettare, parte di questo e-book esaminerà esattamente ciò che costituisce queste "parti giuste".

Dichiarativo e procedurale

Un classico esempio di linguaggio di programmazione dichiarativo a cui molti sviluppatori possono facilmente relazionarsi è SQL. Quando scrivi una query SQL su un database come MySQL, non fai davvero il lavoro pesante da solo. Si danno istruzioni piuttosto di alto livello al motore di database tramite un'istruzione select relativamente semplice. Non ti preoccupi di come il motore di database dovrebbe riunire i dati nel modo più efficiente, non ti preoccupi dei flussi di controllo e dei cicli: scrivi solo un'istruzione select e ti aspetti che il database ti restituisca i dati che desideri. In un certo senso, dichiari quello che vuoi e ottieni il risultato.

La programmazione procedurale, d'altra parte, richiede una serie di istruzioni più dettagliate e di livello inferiore. Nel linguaggio C che è estremamente procedurale, è necessario prestare molta attenzione a riservare la memoria, dettagliare le istruzioni specifiche che si desidera eseguire e quindi preoccuparsi di liberare memoria, assicurandosi che i propri algoritmi funzionino bene e siano accuratamente testati, insieme ad altri aspetti importanti.

La programmazione dichiarativa è molto più conveniente della programmazione procedurale, perché spesso è più veloce e più facile. In genere non hai lo stesso tipo di controllo granulare che hai con la programmazione procedurale ma spesso non ne hai bisogno. In effetti, come vedrai, con AngularJS puoi anche adottare un approccio procedurale quando necessario.

Capitolo 3
Direttive ed espressioni

Diamo un'occhiata ad alcune altre direttive AngularJS, le direttive sono un ottimo esempio dello stile di programmazione dichiarativo che AngularJS ti incoraggia a adottare. Sono anche al centro di AngularJS e sono una parte cruciale di come offrirai un'ottima esperienza utente. Ma cos'è realmente una direttiva? AngularJS utilizza le direttive per arricchire l'HTML con funzionalità extra. Essenzialmente, le direttive sono un modo conveniente per chiamare in modo dichiarativo le funzioni JavaScript.

Proviamo la utilissima direttiva ngShow:

```html
<!DOCTYPE html>

<html ng-app>

<head>

<title>Direttiva ng-show</title>

<script src="js/angular.min.js"></script>

</head>

<body>

<p ng-show="true">Paragrafo 1, mi vedi?</p>

<p ng-show="false">Paragrafo 2, mi vedi?</p>
```

```
<p ng-show="1 == 1">Paragrafo 3, mi vedi?</p>

<p ng-show="1 == 2">Paragrafo 4, mi vedi?</p>

</body>

</html>
```

Cosa fa ngShow? Gran parte della risposta è nel nome, la direttiva ngShow mostrerà, o nasconderà l'elemento su cui è dichiarata, in base all'espressione fornita. Salva il codice proposto e ricarica la pagina del tuo browser, vedrai che appariranno solo il primo e il terzo paragrafo. Appariranno solo questi perché, in entrambi i casi, le rispettive espressioni valutano il valore booleano true. Il secondo e il quarto paragrafo, tuttavia, non vengono visualizzati perché le rispettive espressioni ngShow restituiscono il valore booleano false.

La direttiva ngShow è molto utile, la userai spesso per nascondere o mostrare parti della tua interfaccia utente, in base all'input dell'utente o ad altre condizioni. Un'altra direttiva comune è la direttiva ngClick, che proprio come ngShow, si aspetta un'espressione, ma a differenza di ngShow, questa espressione viene valutata solo quando si fa click sull'elemento su cui è dichiarata. Salva questo codice e premi il pulsante alcune volte:

```
<!doctype html>

<html ng-app>

<head>
```

```html
<title>Direttiva ng-click</title>

<script src="js/angular.min.js"></script>

</head>

<body>

<button ng-click="contatore = contatore + 1"
ng-init="contatore = 0">

Incrementa

</button>

contatore: {{contatore}}

</body>

</html>
```

Come avrai intuito, facendo click sul pulsante Incrementa il valore di contatore aumenta. Ogni volta che si fa clic sul pulsante, ngClick valuta l'espressione. Poiché la variabile contatore viene utilizzata in un'associazione di espressioni, possiamo vedere il suo valore aggiornato in tempo reale.

Qui abbiamo anche usato la direttiva ngInit. In genere non userete molto ngInit, tuttavia, qui la usiamo per inizializzare la variabile contatore a 0. Potresti altrettanto facilmente impostare questo valore a 10, per esempio, per incrementare da un valore iniziale di 10 invece che da 0.

Espressioni

Hai già visto alcune espressioni, ma cosa sono esattamente? Essenzialmente, sono espressioni JavaScript, proprio come quelle che già conosci. Tuttavia, ci sono alcune differenze importanti:

- In AngularJS, le espressioni non vengono valutate rispetto ad un oggetto window globale, ma vengono valutate rispetto ad un oggetto scope;

- Non si ottiene alcun ReferenceError o TypeError quando si tenta di valutare proprietà non definite infatti le espressioni AngularJS sono indulgenti a questo riguardo;

- Non è possibile utilizzare strutture condizionali, cicli o eccezioni. Questo è un aspetto positivo perché è meglio non avere una logica complessa all'interno delle espressioni;

- Puoi usare i filtri AngularJS per formattare i dati prima di visualizzarli.

Per avere un'idea di come funzionano le espressioni e cosa puoi fare con esse, dai un'occhiata al codice seguente:

```
<!DOCTYPE html>

<html ng-app>

<head>
```

```html
<title>Espressioni</title>

<script src="js/angular.min.js"></script>

</head>

<body>

<h1>Test Espressioni</h1>

<!--Aritmetica-->

<p>6 + 4 = {{6 + 4}}</p>

<!--Uso un metodo JavaScript-->

<p>{{"mi piace AngularJS".toUpperCase()}}</p>

<!--Ricerca del carattere 'D'-->

<p>{{"ABCDEFG".indexOf('D')}}</p>

<!--Operatore ternario-->

<p>{{1==1 ? "Giallo" : "Verde"}}</p>

</body>

</html>
```

Non c'è niente di complesso fino a qui, è tutto codice JavaScript ma ora utilizza espressioni AngularJS. Ci sono sicuramente alcune altre cose da sapere sulle espressioni e le aggiungeremo man mano che imparerai altro su come strutturare e organizzare il nostro codice. Questo è esattamente ciò di cui parlerò nel prossimo capitolo.

Fino ad ora hai esplorato il concetto di framework e il motivo per cui dovresti utilizzarne uno. In questa fase, spero che tu sia abbastanza fiducioso sul fatto che AngularJS sia il framework giusto per te e che tu sia desideroso di imparare molto di più nei prossimi capitoli.

Hai scaricato e installato AngularJS, ti sei fatto un'idea delle sue direttive "dichiarative" e hai assistito al suo uso delle espressioni. Sei già a buon punto ed è quasi ora di entrare nei dettagli ma, prima di farlo, discuterò di alcuni argomenti molto interessanti ovvero come organizzare e strutturare le applicazioni AngularJS.

Capitolo 4
MVC

Abbiamo dato una rapida occhiata ad AngularJS e come ottenere una semplice pagina web basata su AngularJS, ma la realtà è che non ne hai bisogno se tutto ciò che vuoi fare è creare un'applicazione molto semplice.

Uno dei principali punti di forza di AngularJS risiede nella sua capacità di aiutarti ad organizzare e strutturare correttamente le tue applicazioni, le applicazioni molto piccole e semplici tendono a non trarne alcun vantaggio. Naturalmente, anche le applicazioni più piccole dovrebbero essere strutturate adeguatamente ma è improbabile che tali applicazioni richiedano le basi rigide e la struttura formale di un'applicazione di medie o grandi dimensioni.

Il modo in cui pianteresti una tenda non è lo stesso che useresti per la costruzione di una capanna di tronchi. Tenendo ciò a mente, in questo capitolo vedremo cosa significa organizzare e strutturare un'applicazione e come il pattern Model View Controller (MVC) può aiutarti a fare entrambe le cose.

Design pattern

Prima di addentrarci in MVC, parliamo per un momento dei design pattern anche perché MVC è un design pattern. In sostanza, un design pattern è una soluzione documentata per un problema ricorrente che i programmatori hanno identificato, di solito in un contesto particolare. I design pattern non ti forniranno il codice necessario per risolvere un determinato problema ma proporranno un approccio ben ponderato e generalmente accettato che potresti prendere in considerazione ed adottare. Un buon modo per pensare ai design pattern è che sono come ricette create da programmatori che hanno trascorso molto tempo per risolvere quel problema e nel migliore dei modi.

Questi programmatori hanno scoperto, spesso attraverso una combinazione di talento, tentativi ed errori, molti modi utili per risolvere tipi specifici di problemi. Inoltre, questi programmatori hanno deciso di condividere queste ricette con tutti gli altri. Non esiste davvero uno standard formale che stabilisca come dovrebbe essere scritta la documentazione dei design pattern, ma esamineremo qualcosa di abbastanza tipico.

Generalmente troverai qualcosa sulla falsariga di ciò che ho delineato nella tabella seguente:

Titolo	Descrizione
Nome e classificazione	Un nome che aiuta a fare riferimento al pattern, spesso con una classificazione che indica il tipo
Intento	L'obiettivo e il motivo per cui esiste
Motivazione	Uno scenario costituito da un problema e da un contesto in cui può essere utilizzato
Collaborazione	Una descrizione di come interagiscono le classi e gli oggetti usati nel pattern
Codice di esempio	Codice che mostra come il pattern può essere utilizzato in un linguaggio di programmazione

Dopo aver letto la documentazione di qualsiasi design pattern ed aver esaminato tutti i diagrammi associati (che di solito sono basati su UML), in genere sei in una posizione molto migliore per determinare se è applicabile al particolare problema che stai cercando di risolvere.

I pattern sono certamente una risorsa estremamente utile, ma pensa a loro più come amici che danno buoni consigli e non tanto come un intervento divino quando non riesci a trovare una risposta.

Definizione di MVC

Fortunatamente, le persone che hanno creato AngularJS hanno già messo a posto tutti i pezzi del pattern MVC per te. Ci concentreremo maggiormente sull'implementazione di AngularJS e considereremo cosa fa per noi. Parliamo delle tre parti principali del pattern MVC (Model-View-Controller): il modello, la vista e il controller.

Non stiamo davvero parlando a livello di codice qui; piuttosto, stiamo parlando a un livello superiore di come organizzare e strutturare le vostre applicazioni. MVC è spesso considerato un modello di architettura, che è essenzialmente un modello che affronta alcuni aspetti dell'organizzazione e della struttura complessiva di un'applicazione. Vedremo come MVC si presenta sottoforma di codice più avanti in questo capitolo, quindi non preoccuparti troppo se ti sembra tutto un po' astratto.

Il **modello** rappresenta la struttura logica sottostante dei dati in un'applicazione software.

È un errore comune pensare al modello come al database dietro la tua applicazione ed è molto meglio vedere il modello come il corpo di codice che rappresenta i dati.

Una **vista** è il corpo del codice che rappresenta l'interfaccia utente (tutte le cose che l'utente può vedere e a cui l'utente può rispondere sullo schermo, come pulsanti, finestre di dialogo e così via). Un'applicazione ha generalmente più viste e ogni vista rappresenta spesso una parte del modello.

Puoi pensare al **controller** come all'intermediario tra la vista e il modello.

Un classico vantaggio di MVC è che puoi, con relativa facilità, aggiungere una nuova struttura alla tua applicazione. Cioè, puoi iniziare con un insieme di viste standard basate su HTML e quindi aggiungere in seguito un nuovo insieme di viste che supportano una struttura completamente diversa. Cercare di ottenere qualcosa di simile quando un'applicazione è progettata male sarebbe un incubo.

Il vantaggio dichiarato in precedenza esiste perché, tramite MVC, applichiamo il principio di Separation of Concerns (ovvero la separazione dei ruoli).

La vista non è in alcun modo legata esclusivamente al modello, quindi è molto più facile trattarla come un componente distinto che possiamo scambiare con un altro. Ci sono anche vantaggi per quanto riguarda le metodologie e i processi che voi (e il vostro team) potete utilizzare, ad esempio, Test-Driven Development (TDD) è molto popolare attualmente e porta ad applicazioni che sono molto più facili da testare e il processo di test continua man mano che l'applicazione matura. Senza ottenere una solida "Separazione dei ruoli", può diventare molto più complicato impostare buoni test.

Ci sono davvero molte ragioni per usare MVC e la maggior parte di esse si basa sull'idea di buon senso che porta a un'applicazione molto più organizzata e ben strutturata, con ruoli e responsabilità distinti. Questo potrebbe sembrare fantastico dal punto di vista del programmatore che deve creare e mantenere l'applicazione - chiaramente la vita sarà molto più facile se il codice è stato accuratamente creato e ben strutturato - ma come può questo di alcun vantaggio all'utente finale dell'applicazione?

Gli utenti finali traggono vantaggio da MVC perché porta ad applicazioni che sono molto meno soggette a bug e molto più facili da manutenere. Questo è, ovviamente, un enorme vantaggio e forse la cosa più importante verso la quale ci sforziamo. Un utente finale a cui viene fornito un software stabile e a cui vengono fornite versioni e aggiornamenti futuri che non causano disservizi, è un utente felice! MVC è un modo collaudato per creare applicazioni robuste e nonostante lo sforzo iniziale, può far risparmiare ore e ore di tempo in seguito.

AngularJS

Mettiamo in pratica la teoria, AngularJS rende la creazione di applicazioni in stile MVC relativamente semplice e, a mio parere, abbastanza divertente. Iniziamo osservando come il modello, la vista e il controller si manifestano nel codice effettivo, tramite un esempio di codice molto semplice. Il codice seguente è ciò che useremo per rappresentare il nostro modello:

var impiegati = ['Antonio Rossi', 'Mario Bianchi', 'Filippo Neri'];

La variabile impiegati è semplicemente un array di nomi di impiegati. Nel mondo reale, questo array verrebbe normalmente popolato da un archivio dati di qualche tipo, ad esempio un database SQL. Non abbiamo bisogno di complicare il codice con l'accesso ai dati, la cosa importante da capire su questa riga di codice è che l'array di impiegati è ciò che rappresenta il nostro modello.

Vale la pena fare una precisazione qui, poiché spesso c'è confusione intorno al termine modello. Il modello comprende tutti gli oggetti che rappresentano le entità nel nostro archivio dati o è solo una specifica informazione che utilizziamo in una vista? La risposta breve e semplice è che dipende dal contesto, sebbene sia abbastanza comune fare riferimento al primo come modello di dominio e al secondo come modello di visualizzazione.

Rivolgiamo la nostra attenzione alla vista. Ecco un esempio molto semplice di come appare una vista AngularJS. Come discusso in precedenza, la vista riguarda la presentazione e, il più delle volte, rappresenta la presentazione dei dati dal nostro modello.

<h2>**Numero di impiegati: {{nostriImpiegati.length}}**</h2>

Questo è fondamentalmente HTML e un'espressione AngularJS. In questo momento, voglio che tu noti che nessuno dei due ha alcuna dipendenza dall'altro.

Ciò è positivo ed è in linea con le nostre discussioni sul desiderio di ottenere una separazione dei ruoli. Anche se solleva una domanda molto interessante: in che modo i dati del modello, cioè l'array degli impiegati, trovano la loro strada nella visualizzazione? Esaminiamo proprio questo, poiché il framework AngularJS per MVC sta iniziando ad emergere. La funzione Gestore è il nostro controller:

```
function Gestore($scope) {

// popola la variabile impiegati

var impiegati = ['Antonio Rossi', 'Mario Bianchi', 'Filippo Neri'];

// Inserisce il modello dati nello scope in modo da poter essere usato dalla vista

$scope.nostriImpiegati = impiegati;

}
```

Assegniamo i dati del modello alla proprietà nostriImpiegati che abbiamo impostato su questo oggetto $scope. Questa è la risposta: è così che i dati del modello, l'array degli impiegati, trovano strada nella vista. L'oggetto $scope è stato fornito alla nostra funzione controller dal framework AngularJS e tutto ciò che dovevamo fare era popolarlo con i dati che volevamo rendere disponibili alla vista.

Puoi pensare che questa espressione {{nostriImpiegati.length}} sia effettivamente equivalente a:

{{$scope.nostriImpiegati.length}}

Non utilizzare un riferimento allo scope in questo modo all'interno di un'espressione; non funzionerà poiché l'uso dell'oggetto scope corrente è implicito. Vediamo come riunire tutto questo in un unico esempio MVC:

```
<!DOCTYPE html>

<html ng-app>

<head>

<script src="js/angular.min.js"></script>

<script>

function Gestore($scope) {

// popola la variabile impiegati

var impiegati = ['Antonio Rossi', 'Mario Bianchi', 'Filippo Neri'];

// Inserisce il modello dati nello scope in modo da poter essere usato dalla vista
```

```
$scope.nostriImpiegati = impiegati;

}

</script>

</head>

<body ng-controller='Gestore'>

<h2>Numero di impiegati: {{nostriImpiegati.length}}</h2>

</body>

</html>
```

Forse l'aspetto più importante del codice proposto è come usiamo l'oggetto scope, un'istanza del quale, è stata passata alla nostra funzione controller dal framework. È davvero fondamentale per il modo in cui AngularJS svolge gran parte del suo lavoro. Possiamo già vederlo all'opera per disaccoppiare il modello dalla vista, ma in realtà fa qualcosa di un po' più impressionante che mantenere il nostro codice pulito e modulare. È anche un attore chiave nella capacità del framework di mantenere il modello e la vista sincronizzati tra loro. Le modifiche apportate al modello si sono immediatamente riflesse nella vista; non abbiamo dovuto fare alcuna manipolazione del DOM (Document Object Model).

Prima di andare avanti, voglio mostrarvi un altro esempio di codice, aggiungi questa riga sotto l'elemento h2:

```
<p ng-repeat="impiegati in nostriImpiegati">{{impiegati}}</p>
```

Invece di visualizzare solo il numero di impiegati che lavorano per noi, ora utilizziamo la direttiva ngRepeat per visualizzare il nome di ogni impiegato che lavora per noi. La direttiva ngRepeat ripeterà l'istanza dell'elemento su cui è dichiarato (un paragrafo in questo caso) per ogni elemento in una raccolta.

Il risultato è un totale di quattro paragrafi: uno per ciascun impiegato nell'array nostriImpiegati.

Spero che questo capitolo ti abbia fatto pensare alla struttura e all'organizzazione delle tue applicazioni. In passato un approccio meno formale allo sviluppo con JavaScript sembrava funzionare abbastanza bene, gli script erano brevi e giocavano solo un piccolo ruolo nello sviluppo dell'applicazione, quindi non importava nella misura in cui lo è ora.

Abbiamo quindi esaminato il pattern Model View Controller (MVC), utilizzato principalmente durante la creazione di applicazioni AngularJS. Una rapida occhiata a ngRepeat ha dimostrato che AngularJS non ci sta solo aiutando con gli aspetti strutturali di livello superiore delle nostre applicazioni. L'approccio dichiarativo adottato con le direttive ci aiuta anche a mantenere il nostro codice chiaro e conciso.

JavaScript viene utilizzato per creare porzioni significative di applicazioni Web, quindi è sempre importante considerare il design e la struttura dell'applicazione.

Capitolo 5
Filtri e Moduli

Quando si lavora con dati che sono stati recuperati da un database, si impiega molto tempo a lavorare con dati grezzi non formattati. Non è affatto raro imbattersi in date formattate in modo insolito, numeri che hanno troppe cifre dopo il punto decimale e nomi di persone che sono completamente in maiuscolo. Tieni presente che i dati non sono sempre archiviati nel formato migliore per le nostre applicazioni e il suo scopo originale potrebbe essere stato quello di servire un tipo di applicazione completamente diverso. Quando si presentano i dati agli utenti finali, tuttavia, abbiamo bisogno di un modo per affrontare queste cose. I filtri sono spesso un ottimo modo per risolvere questo problema. In questo capitolo esamineremo i filtri AngularJS, sia quelli incorporati che i filtri personalizzati.

I filtri AngularJS formattano il valore di un'espressione per la visualizzazione all'utente finale. In realtà non modificano i dati sottostanti ma cambiano il modo in cui vengono visualizzati nel caso particolare in cui viene applicato il filtro.

Questo è molto più facile da capire con l'aiuto di un esempio:

```
<script>

function FiltroCtrl($scope) {

var alcuniDati = {

nome: 'MICHELE',
```

```
    cognome: 'BIANCHI',

    dataIscrizione: new Date(2010, 2, 23),

    consumo: 123.659855,

    tariffa: 'piano-base-5',

};

$scope.dati = alcuniDati;

}
```

</script>

Dati come questi in genere vengono restituiti da una richiesta a un servizio web o un database ma nel nostro caso vogliamo solo alcuni dati di esempio, in modo da poter conoscere i filtri AngularJS. Questi dati fittizi, catturati in un oggetto JavaScript che abbiamo chiamato alcuniDati, essi rappresentano alcuni dettagli del cliente. Useremo questi dati man mano che il capitolo procede, iniziando ora con un primo sguardo alla sintassi del filtro AngularJS.

Il primo filtro che esamineremo affronterà il problema del nome e del cognome che appaiono in maiuscolo. Per migliorarlo leggermente, lo cambieremo in minuscolo. Per ottenere ciò, la cosa principale da sapere è che bisognare usare l'operatore pipe (|), per richiamare un filtro.

L'unico compito del controller FiltroCtrl qui è rendere i dati disponibili per la visualizzazione.

Come ricorderai dall'ultimo capitolo, bisogna collocarlo nello scope:

```html
<!DOCTYPE html>

<html>

<head>

<title>Filtri AngularJS</title>

<script src="js/angular.min.js"></script>

<script>

function FiltroCtrl($scope) {

var alcuniDati = {

nome: 'MICHELE',

cognome: 'BIANCHI',

datiIscrizione: new Date(2010, 2, 23),

consumo: 123.659855,

tariffa: 'piano-base-5',

};

$scope.dati = alcuniDati;

}

</script>
```

```html
</head>

<body ng-app ng-controller="FiltroCtrl">

<p>

<!—Dati non filtrati—>

<strong>Nome</strong>: {{dati.nome}}<br/>

<strong>Cognome:</strong> {{dati.cognome}}

</p>

<p>

<!—Dati filtrati—>

<strong>Nome</strong>: {{dati.nome | lowercase}}<br/>

<strong>Cognome:</strong> {{dati.cognome | lowercase}}

</p>

</body>

</html>
```

Questo codice mostra quanto è facile applicare il filtro lowercase. Lo applichiamo digitando il valore che vogliamo filtrare, seguito dall'operatore pipe e quindi il nome del filtro. Prova ad eseguire questo codice e vedrai che il primo paragrafo mostra i dati non filtrati e il secondo paragrafo mostra i dati filtrati.

Non sarai molto sorpreso nel sapere che esiste un filtro integrato uppercase, che converte i caratteri in maiuscolo. AngularJS viene fornito con una serie di altri filtri utili, tuttavia, prima di arrivarci, facciamo un passo indietro e consideriamo perché potremmo voler utilizzare i filtri. Dopo tutto, JavaScript ha già ciò di cui hai bisogno per eseguire questo tipo di attività. Ad esempio, avremmo potuto aggiungere altrettanto facilmente il codice per i valori dei dati in minuscolo direttamente al controller, invece di utilizzare i filtri.

Utilizzando tale approccio, è vero che ignoriamo la necessità di filtri, ma ci sono alcune cose da considerare. Un ottimo motivo per usare AngularJS è perché vuoi organizzare meglio il tuo codice e seguire alcune best practice comuni per lo sviluppo del software.

Abbiamo parlato del principio di separazione dei ruoli, quindi prendiamoci un momento per considerare se le attività di formattazione, come la modifica del testo che presentiamo ai nostri utenti finali, appartengono logicamente a un controller. Non sembra un compito di cui dovrebbe essere responsabile la vista?

In un certo senso, la formattazione dei dati per la presentazione è davvero un compito correlato alla vista. Tuttavia, si potrebbe anche sostenere che un controller dovrebbe assumersi una certa responsabilità per assicurarsi che i dati siano pronti per l'uso nella vista. Gli sviluppatori di AngularJS prendono posizione su questo argomento e affermano che tali problemi vengono affrontati meglio quando i dati passano dal controller alla vista. In effetti, questo è il motivo per cui è stato chiamato filtro; i dati vengono "filtrati" mentre viaggiano dal controller alla vista.

Nello scenario lowercase, siamo stati in grado di utilizzare una singola chiamata al metodo JavaScript direttamente nel controller senza che le cose sembrassero disordinate e fuori posto, ma se avessimo voluto implementare la lettera maiuscola per ogni parola, le cose sarebbero state molto più complicate e avrebbero richiesto una soluzione molto più modulare.

Ovviamente, dover ripetere tale logica in ogni controller o applicazione in cui potrebbe essere necessario non è un approccio consigliato. È vero che il filtro può essere aggiunto alla vista in più punti ma l'implementazione sottostante di quel filtro deve essere scritta solo una volta. I filtri sono semplicemente un'opzione che hai a tua disposizione, tuttavia, sono un ottimo modo per mantenere il codice modulare e pulito, poiché rappresentano una buona unità di riutilizzo nei progetti AngularJS. In effetti, esiste una comunità di sviluppatori che contribuisce e condivide i filtri AngularJS online, sono disponibili per il riutilizzo da parte di tutti.

Filtri integrati

L'aspetto importante dei filtri è, secondo me, la possibilità di creare i propri filtri e condividerli con il resto del team (o la comunità di AngularJS). Detto questo, AngularJS viene fornito con un insieme di filtri molto utile.

Ora esamineremo alcuni dei filtri integrati, iniziando dal filtro number. Vedremo come creare un filtro personalizzato prima della fine di questo capitolo. Questo filtro ci aiuterà a rendere il dato sul consumo più user-friendly arrotondando il numero di cifre dopo il punto decimale. Aggiungi questa porzione di codice a quello scritto in precedenza:

```
<p>

Consumo: {{dati.consumo}}<br/>

Consumo: {{dati.consumo | number}}

</p>
```

Salva e ricarica la pagina del browser e vedrai sia i dati non filtrati che quelli filtrati, generati all'interno dell'elemento paragrafo. Questo è un leggero miglioramento, poiché ora abbiamo solo tre cifre dopo il punto decimale, invece di sei.

Naturalmente, sarebbe molto meglio usare solo due cifre e sarebbe più in linea con le aspettative degli utenti finali. In effetti, il filtro number accetta un singolo parametro, che ti consente di dirgli a quante cifre decimali arrotondare un numero. Ciò solleva una domanda: come si passano i parametri a un filtro?

Fortunatamente è molto facile, basta usare i due punti ed inserire il valore del parametro, come mostrato nello snippet di codice di seguito:

```html
<p>

Consumo: {{dati.consumo}}<br/>

Consumo: {{dati.consumo | number:2}}

</p>
```

Come puoi vedere, i filtri sono abbastanza facili da usare ed è possibile modificare molto facilmente il formato dei dati senza effettivamente modificare la base dati sottostante e senza ingombrare la vista o il controller con il codice relativo alla presentazione.

Se si lavora con dati in cui è richiesta una precisione millimetrica, è necessario prestare molta attenzione quando si eseguono operazioni di arrotondamento. A causa del modo in cui i computer rappresentano i numeri internamente, i risultati non sono sempre del tutto accurati. Una discussione sulla precisione del numero in virgola mobile è un po' fuori luogo ma puoi usare il tuo motore di ricerca preferito per saperne di più.

Il filtro date è indispensabile ed estremamente flessibile. Considera la proprietà dataIscrizione dei nostri dati di esempio. Ha un valore che, a seconda dell'ora in cui viene visualizzato, assomiglia a questo: 2010-03-22T13:00:00.000Z. Certamente non vorrai mostrarlo agli utenti finali in questo formato! La flessibilità del filtro date è dovuta, in parte, al gran numero di parametri di formato che puoi passargli e al modo in cui questi possono essere combinati per arrivare a quasi illimitate modalità di visualizzazione di date e ore. Esaminiamo un elenco di codice che mostra alcuni di quelli comunemente usati:

Parametro	Esempio
medium	Set 3, 2010 12:05:08 PM
short	9/3/10 12:05 PM
fullDate	Venerdì, 3 Settembre, 2010
longDate	Settembre 3, 2010
mediumDate	Set 3, 2010
shortDate	3/9/2010
mediumTime	12:05:08 PM
shortTime	12:05 PM

Non tratterò tutte le possibili combinazioni di parametri di date: ciò renderebbe l'elenco estremamente lungo! Esistono molte altre combinazioni che tralasciamo per brevità ma che puoi trovare sulla documentazione ufficiale. Gli esempi che vengono proposti nei primi tre paragrafi fanno uso dei parametri più usati:

```html
<!DOCTYPE html>

<html>

<head>

<title>Filtri AngularJS</title>

<script src="js/angular.min.js"></script>

<script>
```

```html
function FiltroCtrl($scope) {

var alcuniDati = {

nome: 'MICHELE',

cognome: 'BIANCHI',

dataIscrizione: new Date(2010, 2, 23),

consumo: 123.659855,

tariffa: 'piano-base-5',

};

$scope.dati = alcuniDati;

}

</script>

</head>

<body ng-app ng-controller="FiltroCtrl">

<p>medium:<strong> {{ dati.dataIscrizione | date:'medium'}} </strong></p>

<p>mediumDate:<strong> {{ dati.dataIscrizione | date:'mediumDate'}} </strong></p>

<p>shortDate:<strong> {{ dati.dataIscrizione | date:'shortDate'}} </strong></p>

</body>
```

```
</html>
```

Termineremo la panoramica sui filtri integrati con uno sguardo al filtro limitTo. Questo pratico filtro consente di limitare la quantità di informazioni visualizzate da un array. Sostanzialmente crea un nuovo array, che contiene un sottoinsieme degli elementi contenuti nell'array originale.

Per mostrare l'utilità di questo filtro, aggiungeremo una nuova proprietà ai nostri dati di esempio. Questa nuova proprietà conterrà l'utilizzo dei dati storici del cliente negli ultimi 12 mesi:

```html
<!DOCTYPE html>

<html>

<head>

<title>Filtri AngularJS</title>

<script src="js/angular.min.js"></script>

<script>

function FiltroCtrl($scope) {

var alcuniDati = {

nome: 'MICHELE',

cognome: 'BIANCHI',

dataIscrizione: new Date(2010, 2, 23),

consumo: 123.659855,
```

```
    tariffa: 'piano-base-5',
    // Consumi ultimi 12 mesi
    usoMensile:
    [123.659855,
    89.645222,
    97.235644,
    129.555555,
    188.699855,
    65.652545,
    123.659855,
    89.645222,
    97.235644,
    129.555555,
    188.699855,
    65.652545]
  };
  $scope.dati = alcuniDati;
}
```
</script>

```html
</head>

<body ng-app ng-controller="FiltroCtrl">

<h2>Gigabyte usati negli ultimi 6 mesi</h2>

<ul>

<li ng-repeat="gb in dati.usoMensile | limitTo:6">

{{ gb | number:2}}

</li>

</ul>

</body>

</html>
```

Usando ngRepeat, eseguiamo un ciclo attraverso l'array usoMensile e produciamo ogni valore, che a sua volta è formattato usando il filtro number.

Moduli

Finora, non abbiamo esaminato i moduli AngularJS, abbiamo inserito tutto il nostro codice all'interno di un controller incorporato nel nostro file HTML, utilizzando il tag script. Questo approccio va bene, ma di solito è limitato ad applicazioni e demo di dimensioni ridotte (come nel caso di questo e-book). Non è l'approccio consigliato per uno sviluppo serio pertanto conviene usare i moduli.

Un modulo è una raccolta di controller, direttive, filtri, servizi e altre informazioni per la configurazione.

Il protagonista di tutto questo è angular.module, in quanto è il gateway nell'API del modulo, il meccanismo utilizzato per configurare i moduli AngularJS. Viene utilizzato per registrare, creare e recuperare i moduli AngularJS creati in precedenza. Probabilmente tutto questo suona piuttosto astratto, quindi diamo un'occhiata a un esempio pratico seguendo il processo per impostare un modulo predefinito per la nostra applicazione. Il modulo predefinito è il modulo che AngularJS utilizzerà come punto di ingresso nella tua applicazione.

Non preoccuparti se tutto ciò non ha molto senso al momento, poiché esamineremo un elenco completo e parleremo di ciò che sta accadendo quando creeremo il nostro filtro personalizzato. Aggiungi il codice seguente a un nuovo file JavaScript, che puoi chiamare mioModulo.js:

// Crea un nuovo modulo

var mioModulo = angular.module('mioModulo', []);

Hai appena creato un modulo, il metodo module è stato utilizzato per creare un modulo denominato mioModulo. Abbiamo anche catturato l'oggetto restituito in una variabile, chiamata anche mioModulo.

Noterai che abbiamo anche passato un array vuoto al metodo del modulo. Può essere utilizzato per passare un elenco di dipendenze; ovvero, altri moduli da cui questo modulo dipende. In questo caso non abbiamo dipendenze, quindi passiamo semplicemente un array vuoto. Ora abbiamo un modulo e un riferimento a questo modulo, quindi possiamo configurarlo con un filtro personalizzato, aggiungendo il seguente codice sotto la riga di codice precedente:

// configura il modulo con un filtro

mioModulo.filter('eliminaTrattini', **function**() {

return function(txt) {

// Codice del filtro

};

});

Per ora non preoccuparti troppo del codice all'interno della funzione del filter. Questo è qualcosa che vedremo meglio quando creeremo un filtro personalizzato nella sezione successiva. La parte importante è che hai collegato un filtro al modulo.

Il metodo filter ti consente di denominare il tuo filtro tramite il suo primo argomento e ti consente di passare una funzione come secondo argomento. In modo simile, possiamo anche aggiungere un controller al nostro modulo. Nel codice precedente, abbiamo utilizzato il metodo del filtro per configurare un filtro. Nel codice seguente, usiamo il metodo controller per configurare un controller:

```
// configura il modulo con un controller

mioModulo.controller('FiltroCtrl', function ($scope) {

// inserire qui il codice del controller

}

);
```

Ancora una volta, dobbiamo fornire un nome e passare una funzione. Questa funzione è fondamentalmente la stessa che abbiamo utilizzato finora come controller all'interno dei tag di script, solo che ora è collegata a un modulo. Se i controller e altra logica, come i filtri, vengono creati all'interno di un modulo AngularJS, come vengono utilizzati? Questo si riferisce al processo di bootstrap (ovvero di avvio) di AngularJS.

Abbiamo parlato brevemente della direttiva ngApp, ma non abbiamo davvero parlato del ruolo che gioca nell'avvio di AngularJS. Potrebbe già esserti venuto in mente che AngularJS è al lavoro dietro le quinte, monitorando i campi del modulo, ad esempio, in modo da poter rispondere a qualsiasi modifica e aggiornare immediatamente eventuali associazioni.

In effetti, AngularJS sta facendo parecchio dietro le quinte e tutto inizia una volta caricato il documento, perché ha trovato una direttiva ngApp. Finora abbiamo utilizzato ngApp nella sua forma più semplice, come attributo senza alcun valore. Tuttavia, è possibile specificare un modulo predefinito AngularJS, fornendo un valore.

Il seguente frammento di codice mostra ngApp con un valore mioModulo, che è il nome del modulo che abbiamo appena creato. Con la direttiva ngApp in atto, possiamo salvare il nostro modulo, mioModulo.js, nella directory js. Quindi possiamo creare una nuova pagina index.html, che utilizzerà questo modulo:

```javascript
// creare un nuovo modulo chiamato 'mioModulo' e salva un riferimento ad esso in una variabile chiamata mioModulo

var mioModulo = AngularJS.module('mioModulo', []);

// usa la variabile mioModulo per configurare il modulo con un controller

mioModulo.controller('FiltroCtrl', function ($scope) {

// inserire qui il codice del controller

}

);

// usa la variabile mioModulo per configurare il modulo con un filtro

mioModulo.filter('eliminaTrattini', function() {
```

```
return function(txt) {

// inserire qui il codice del filtro

};

});
```

Questo codice è racchiuso nel file in cui creiamo un modulo e quindi configuriamo un controller e un filtro. Nota bene che abbiamo chiamato il file JavaScript mioModulo.js; abbiamo chiamato la variabile, che memorizza un riferimento al modulo mioModulo, e abbiamo chiamato il modulo stesso mioModulo.

Questo non è un problema e non è sempre necessario che la denominazione segua questo modello. La cosa fondamentale è riconoscere che quando parliamo del modulo, stiamo parlando dell'oggetto che abbiamo creato e denominato quando abbiamo invocato il metodo angular.module. È questo nome che possiamo usare per ottenere un riferimento al modulo ogni volta che ne abbiamo bisogno.

Adesso usiamo questo file nella nostra pagina:

```
<!DOCTYPE html >

<html ng-app="mioModulo">

<head lang="it">

<meta charset="UTF-8">

<title>Test modulo</title>

<script src="js/angular.min.js"></script>
```

```html
<script src="js/mioModulo.js"></script>

</head>

<body ng-controller="FiltroCtrl">

</body>

</html>
```

Con il modulo creato, tutto ciò che dobbiamo fare ora è associarlo alla nostra pagina index.html. Usiamo ngApp con il nome del modulo come valore per avviare l'intero processo AngularJS. Dobbiamo ancora fornire un riferimento allo script al file mioModulo.js, in modo che AngularJS possa effettivamente trovare il modulo che abbiamo dichiarato nella direttiva ngApp.

C'è un po' più di lavoro nella configurazione di un modulo invece di raggruppare tutto insieme nel file HTML, ma è abbastanza facile e presto diventa naturale. Dovresti sentirti in qualche modo ispirato dall'aspetto pulito della pagina index.html sopra. Come vedrai, vale la pena avere il file JavaScript separato dall'HTML tuttavia, non è tutto ciò che abbiamo ottenuto. Abbiamo anche impostato la nostra applicazione per utilizzare il sistema di moduli AngularJS e questo ti consente di sfruttare tutti i vantaggi che ne derivano.

Filtro personalizzato

Infine, è il momento di pensare alla creazione di un filtro personalizzato. I moduli sono fantastici, ma, sebbene importanti, probabilmente non sono l'argomento più interessante, forse perché non producono direttamente alcun output visivo.

I filtri personalizzati sono più interessanti e ne useremo uno per risolvere un altro problema che abbiamo con i nostri dati di esempio. Per qualche motivo sconosciuto, alcuni valori che ci vengono restituiti sono delimitati da trattini. Il team del Back-end ci ha detto che questo è il modo in cui i dati vengono memorizzati nel database e che non è possibile modificarli. Tuttavia, non abbiamo intenzione di presentare ai nostri utenti finali i dati in questo formato.

La proprietà della tariffa ne è un esempio; ha un valore piano-base-5. Potremmo facilmente gestire un caso di questo tipo senza un filtro, ma supporremo che sia un problema comune e utilizzeremo un filtro per risolverlo nell'intera applicazione.

Mi aspetto che la logica funzioni come un normale codice JavaScript, quindi la collego a un filtro una volta che sono soddisfatto e solo dopo aver testato il codice JavaScript. Il requisito qui è relativamente semplice: vogliamo rimuovere eventuali trattini e sostituirli con spazi:

```
<script>

function eliminaTrattini(txt) {
```

return txt.split('-').join(' ');

};

console.log(eliminaTrattini("piano-base-5"));

console.log(eliminaTrattini("ci-sono-tanti-trattini-qui"));

console.log(eliminaTrattini("senzaAlcunTrattino"));

</script>

Questa funzione è relativamente semplice: accetta un singolo argomento, la stringa delimitata da trattini e restituisce la stringa modificata. Abbiamo utilizzato alcune chiamate a console.log allo scopo di verificare le nostre aspettative ovvero eliminerà tutti i trattini e lascerà spazi al loro posto.

Poiché la funzione funziona come ci aspettiamo, siamo pronti per convertirla in un filtro AngularJS. Il metodo che usiamo per creare un filtro AngularJS è denominato filter. Accetta due argomenti: un nome per il filtro e una funzione factory. Potrebbe sembrare un po' confuso, in particolare la parte sulle funzioni factory. Come al solito, un esempio dovrebbe aiutare a chiarire:

mioModulo.**filter**('eliminaTrattini', **function** () {

return function(txt) {

return txt.split('-').join(' ');

};

});

Di particolare rilievo qui è il fatto che la funzione filter non implementa essa stessa la nostra logica; piuttosto, restituisce una funzione che la implementa.

Questo è il motivo per cui il secondo argomento fornito al metodo filter è chiamato "funzione factory"; il suo scopo principale è produrre funzioni. All'inizio può sembrare un po' strano, ma è un modello di progettazione comune e non è certamente difficile da implementare. Potrebbe essere utile se ci pensi dal punto di vista di AngularJS: vogliamo restituire una funzione ad AngularJS, affinché possa essere utilizzata ogni volta che invochiamo il filtro associato.

L'argomento che abbiamo chiamato txt rappresenta il valore dell'espressione che viene passato a questa funzione di filtro quando viene utilizzata, ovvero è il valore che stiamo filtrando.

```html
<!DOCTYPE html>

<html>

<head>

<title>Demo Filtro</title>

<script src="js/angular.min.js"></script>

<script src="js/moduli/mioModulo.js"></script>

</head>

<body ng-app="mioModulo" ng-controller="FiltroCtrl">

<p>Tariffa: {{dati.tariffa}}</p>
```

<p>Tariffa: {{dati.tariffa | eliminaTrattini}}</p>

</body>

</html>

Ecco qua, un filtro molto utile che possiamo riutilizzare nella nostra applicazione.

In questo capitolo abbiamo esaminato sia i filtri che i moduli e hai imparato come si relazionano tra loro. AngularJS viene fornito con alcuni pratici filtri integrati e ora sai come crearne uno personalizzato. I moduli ci hanno fornito qualcosa a cui "collegare" il nostro filtro e hai anche imparato che i moduli sono il meccanismo preferito di AngularJS per la creazione di pacchetti e l'organizzazione del codice.

Capitolo 6
Direttive

La maggior parte dei framework JavaScript ha un "qualcosa di speciale" che li distingue, nel caso di AngularJS sono senza dubbio le direttive. L'idea che possiamo usare un approccio dichiarativo che ci consenta di arricchire l'HTML con nuove capacità ha un grande fascino. In questo capitolo ricapitolerò alcune delle cose che abbiamo già usato, esaminando le direttive integrate.

Le direttive, in AngularJS, sono essenzialmente funzioni JavaScript che vengono invocate quando il Document Object Model (DOM) viene compilato dal framework AngularJS. AngularJS consente di creare direttive totalmente nuove che possiamo usare per incapsulare la logica e semplificare la manipolazione del DOM, direttive che possono modificare o addirittura creare comportamenti totalmente nuovi in HTML.

Per cosa possiamo usare le direttive? Poiché le direttive possono modificare o addirittura creare comportamenti completamente nuovi, possiamo utilizzarle per qualsiasi cosa, da semplici blocchi di contenuto statico riutilizzabili fino a sofisticate interfacce utente lato client con connettività di rete e database, e tutto il resto.

Le direttive integrate forniscono il livello generale di funzionalità che ti aspetteresti di trovare sebbene le direttive personalizzate ti consentano di spingerti molto oltre. L'unico limite è la tua immaginazione. Naturalmente in AngularJS c'è molto di più, tuttavia, sembrano essere l'attrazione principale. Che aspetto hanno le direttive? Senza dubbio stai pensando di aver visto abbastanza finora per conoscere la risposta a questa domanda. Potrebbe sorprenderti apprendere che le direttive possono assumere diverse forme.

Prendiamo come esempio la direttiva ngController:

```
<div ng-controller="FiltroCtrl"></div>
```

Questa è una tipica dichiarazione di direttiva ed è di gran lunga il modo più comune di usare le direttive: cioè come un attributo.

Una direttiva raramente è un'isola a sé stante. Vale a dire, le direttive spesso devono comunicare e interagire con il resto dell'applicazione. Questo di solito viene fatto attraverso uno scope, come hai visto nei capitoli precedenti. Cominciamo a creare una piccola parte di un'applicazione che mostri questa idea all'opera.

Il codice seguente mostra una pagina di selezione di un prodotto. Concentreremo i nostri sforzi su un nuovo entusiasmante prodotto fittizio: le calze AngularJS.

Questi fantastici calzini sono disponibili in una varietà di colori. Il requisito qui è nascondere l'elenco dei colori disponibili finché il cliente non è pronto a sceglierne uno. Le direttive che utilizzeremo per ottenere tutto ciò sono ngClick, ngHide e ngController. La maggior parte di questo codice è CSS che, per la maggior parte, imposta i colori per gli elementi div associati.

Vedrai che, a causa della direttiva ng-hide = "nascosto" posizionata su ciascuno di questi elementi div, la pagina ha uno stato predefinito in cui l'elenco dei colori è nascosto:

```html
<!DOCTYPE html >

<html ng-app="mioModulo">

<head>

<title></title>

<script src="js/AngularJS.js"></script>

<script src="js/mioModulo.js"></script>

<style>

body {

font-family: "Lucida Grande", "Lucida Sans Unicode", Helvetica, Arial, sans-serif;

}

h2{ font-weight: bold }

div {

margin: 20px;

padding: 20px;

font-size: 16px;

}
```

```css
#rosso {

background-color: red;

}

#verde {

background-color: green;

}

#blu {

background-color: blue;

}

#viola {

background-color: purple;

}

#grigio {

background-color: gray;

}

#oliva {

background-color: olive;

}
```

</style>

```html
</head>

<body ng-controller="ProdottiCtrl">

<h2>Calzini AngularJS</h2>

<p>Resta al caldo quest'inverno con le nostre calze AngularJS!</p>

<button ng-click="mostraColoriNascosti()" type="button">

{{nascosto ? 'Vedi i colori disponibili' : 'Nascondi i colori disponibili'}}

</button>

<div id="rosso" ng-hide="nascosto">Rosso</div>

<div id="verde" ng-hide="nascosto">Verde</div>

<div id="blu" ng-hide="nascosto">Blu</div>

<div id="viola" ng-hide="nascosto">Viola</div>

<div id="grigio" ng-hide="nascosto">Grigio Scuro</div>

<div id="oliva" ng-hide="nascosto">Oliva</div>

</body>

</html>
```

La cosa interessante di questa implementazione è come viene assemblata la logica. È intuitivo e non lascia dietro di sé una scia di codice JavaScript disordinato. In effetti, questo file è principalmente codice HTML e CSS. Naturalmente, deve esserci del codice JavaScript da qualche parte. Vediamo cosa contiene il file mioModulo.js:

```javascript
var module = angular.module("mioModulo", []);

module.controller("ProdottiCtrl", function($scope) {

$scope.nascosto = true;

$scope.mostraColoriNascosti = function () {

$scope.nascosto = !$scope.nascosto;

}

});
```

Il risultato di tutto ciò è il seguente:

Calzini AngularJS

Resta al caldo quest'inverno con le nostre calze AngularJS!

Vedi i colori disponibili

Dopo aver premuto il pulsante:

Calzini AngularJS

Resta al caldo quest'inverno con le nostre calze AngularJS!

Nascondi i colori disponibili

Rosso

Verde

Blu

Viola

Grigio Scuro

Conclusioni

È interessante vedere come un progetto così piccolo e nato con uno scopo diverso si sia evoluto così tanto fino a diventare un framework usato in tutto il mondo da diverse aziende. Quello che era iniziato come un progettino è rapidamente decollato in uno dei principali framework JavaScript sul Web.

Ci sono molte ragioni per cui AngularJS è fantastico e la community di sviluppatori e collaboratori è solo una di queste. Le versioni più recenti hanno tutte le funzionalità incorporate dalla community open source di AngularJS. Migliaia di sviluppatori si affidano a questo framework giornalmente e altre migliaia iniziano a usarlo ogni mese. E ogni sviluppatore migliora AngularJS attraverso la sua esperienza e condividendo il suo codice in modalità opensource.

È indubbio che la concorrenza è tanta (vedi React, Vue.js ecc.) ma difficilmente è possibile ritrovare l'eleganza e una modularità simile a quella di AngularJS. Si tratta davvero di un ottimo framework, facile da usare anche per i principianti e facile da capire.

Adesso l'obiettivo è davanti a te, hai le basi per usare AngularJS quindi inizia subito a sviluppare il tuo sito Web, la tua applicazione Web, il tuo gestionale. Cerca una valida idea e mettila in pratica, adesso puoi!

Don't miss out!

Visit the website below and you can sign up to receive emails whenever Oscar R. Frost publishes a new book. There's no charge and no obligation.

https://books2read.com/r/B-A-VXBZ-WBFXC

Connecting independent readers to independent writers.

Did you love *Angular: Guida Completa allo Sviluppo e Programmazione di Siti Internet Dinamici e Web App con AngularJS. Contiene Esempi di Codice ed Esercizi Pratici*? Then you should read *Arduino: Scopri Tutti i Segreti per lo Sviluppo e la Programmazione del Microcontrollore per Maker e Hobbisti. Contiene Esempi di Codice ed Esercizi Pratici.*[1] by Oscar R. Frost!

[2]

Scopri come progettare, creare e realizzare dispositivi interattivi con Arduino!

Vorresti scoprire tutte le funzionalità del linguaggio di programmazione Arduino?Come posso personalizzare e realizzare

---

1. https://books2read.com/u/mq9XB2

2. https://books2read.com/u/mq9XB2

un progetto con Arduino? Ti piacerebbe scoprire come far lampeggiare una lampada LED?

Arduino può essere utilizzato per sviluppare oggetti interattivi autonomi, circuiti elettronici concreti ed essere collegato a software sul computer. Semplicissimo da utilizzare, Arduino è sempre più utilizzato dai programmatori di tutto il mondo per dare vita a progetti precisi e funzionali.

Grazie a questo libro imparerai tutti i passaggi e tutte le modalità per realizzare progetti e sfruttare al meglio tutte le potenzialità della piattaforma Arduino. La prima parte introduttiva, ti permetterà di comprendere le principali funzioni e caratteristiche di Arduino per poi arrivare alla scoperta di argomenti più complessi e articolati. Con la spiegazione dettagliata della parte elettronica e della programmazione imparerai a collegare sensori, creare, progettare e realizzare un vero e proprio dispositivo interattivo. Seguendo passo a passo tutti i suggerimenti, al termine della lettura sarai perfettamente in grado di realizzare e sviluppare progetti Fai-da-te!

Ecco che cosa otterrai da questo libro:

Che cosa è Physical ComputingLe caratteristiche di ArduinoCome utilizzare i componenti hardwareI passaggi per installare e configurare Arduino sui vari sistemi operativiGli step per creare e programmare un dispositivo interattivoCome funziona uno sketchI passaggi per progettare lampade interattiveLe principali problematiche che potrebbero scaturire e come risolverleGli step per testare il circuito interattivo realizzatoCome installare IDE e risolvere eventuali problemiE molto di più!

Grazie alle sue innumerevoli funzioni e capacità, Arduino è tra i linguaggi di programmazione più utilizzati del momento.

Also by Oscar R. Frost

Raspberry Pi: Scopri Tutti i Segreti per lo Sviluppo e Programmazione del Micro Computer per Maker e Hobbisti. Contiene Esempi di Codice ed Esercizi Pratici

MySQL: Guida Completa ai Database SQL per Principianti. Contiene Esempi di Codice ed Esercizi Pratici.

Arduino: Scopri Tutti i Segreti per lo Sviluppo e la Programmazione del Microcontrollore per Maker e Hobbisti. Contiene Esempi di Codice ed Esercizi Pratici.

Angular: Guida Completa allo Sviluppo e Programmazione di Siti Internet Dinamici e Web App con AngularJS. Contiene Esempi di Codice ed Esercizi Pratici